ALLOCUTION

PRONONCÉE

AU MARIAGE

DE

M. EMMANUEL BOURDILLON

AVEC

Mlle BLANCHE STALLA

le 28 octobre 1883

DANS L'ÉGLISE St-PHILIPPE A MARSEILLE

PAR

M. L'ABBÉ MARBOT

Vicaire Général d'Aix

J. M. J.

AIX

A. MAKAIRE, IMPRIMEUR DE L'ARCHEVÊCHE,

2, rue Thiers, 2

1883

ALLOCUTION

DU

28 OCTOBRE 1883

Imprimatur.

Aquis-Sextiis, die 29 octobris 1883.

† AUGUSTINUS, Archiep. Aquen.
Arelat. et Ebred.

ALLOCUTION

PRONONCÉE

AU MARIAGE

DE

M. EMMANUEL BOURDILLON

AVEC

Mlle BLANCHE STALLA

le 28 octobre 1883

DANS L'ÉGLISE St-PHILIPPE A MARSEILLE

PAR

M. L'ABBÉ MARBOT

Vicaire Général d'Aix

J. M. J.

AIX

A. MAKAIRE, IMPRIMEUR DE L'ARCHEVÊCHE,

2, rue Thiers, 2

1883

Quod Deus conjunxit homo non separet.

Que l'homme ne sépare point ce que
Dieu a uni. (Math. xix, 6).

Il y avait, mes frères, quatre mille ans que la première bénédiction nuptiale était tombée des lèvres divines. L'Eden l'avait accueillie comme le plus aimable sourire du Ciel, portant à la terre le principe de sa plus noble fécondité. Et notre commun père, en signant le pacte qui liait son cœur, avait solennellement déclaré qu'il comprenait le *caractère indissoluble de ce contrat*, puisqu'il s'était écrié : « Voici les os de mes os, la chair de ma chair..... Désormais les deux ne font plus qu'un (¹) : duo in carne una ! »

Mais en quatre mille ans le monde avait vieilli. Sous l'action de celui que Tertullien nomme « le grand dévasta-

(1) Gen. II, 23, 24.

teur des âmes »; l'humanité avait compté les ruines de sa grandeur morale, et elle avait oublié la foi jurée. Car sa félonie vis-à-vis de Dieu avait entraîné, comme une inévitable conséquence, toutes les déloyautés que pouvaient inspirer la passion ou l'intérêt. Et les premiers serments du paradis terrestre, singulièrement violés dans le cours des âges, même au sein du peuple choisi, avaient besoin d'être rajeunis dans le sang du Christ Jésus, pour remonter à leur dignité originelle.

Voilà pourquoi, rappelant aux Juifs l'indissolubilité du lien conjugal, Notre Seigneur proclamait cet axiome de son Droit, que l'on ne peut méconnaître sans cesser d'être chrétien : « Quod Deus conjunxit homo non separet. »

Depuis cette heure des grandes restaurations de notre humaine nature, non plus quatre mille ans, mais deux mille ans à peine se sont écoulés. Et voici que déjà l'Eglise, par la voix de son Chef suprême ([1]), est obligée de rapprendre aux peuples ce principe élémentaire du Droit chrétien, qui les a civilisés. Et voici que, pour complimenter ces jeunes époux, je puis aujourd'hui, — ce qui eût autrefois paru fort étrange, — me contenter de louer

---

(I) Divers actes pontificaux et notamment l'encyclique de S. S. Léon XIII, en date du 10 février 1880.

en eux la saine intelligence de cette doctrine : « Quod Deus conjunxit homo non separet. »

C'est qu'en effet si de nos jours l'erreur séduit tant d'esprits, la dépravation de nos mœurs en est la cause. Nous sommes bien au temps où, selon la pensée de Montaigne, ceux qui « ne pratiquent pas la morale cherchent à moraliser leurs pratiques. » Et il faut louer les âmes droites et courageuses qui résistent à cet entraînement.

Comment ne pas se rendre compte de la fragilité de ces unions, que la cupidité prépare, que l'habileté consomme et que l'intérêt seul peut maintenir? Le jour où ces calculs mesquins sont amoindris ou déçus dans leurs prévisions, que reste-t-il ? N'est-il pas tout naturel que l'homme disjoigne ce que l'homme seul avait capricieusement uni ? — Croyez bien que si dans certaines sphères le dévergondage des idées en est venu à réclamer le divorce comme un droit de l'humaine liberté, c'est un résultat absolument logique de ce dévergondage des mœurs, qui en est arrivé à conclure des mariages où les convenances financières remplacent toutes les autres, et où les vrais liens de la foi et du cœur sont les derniers considérants dont on se préoccupe.

Je vous félicite, jeunes époux, de n'être point de ceux qui comprennent si mal leur propre dignité, et qui engagent si follement leur avenir. Vous appartenez l'un et l'autre à des familles où l'on a gardé les vraies traditions avec les vraies croyances. Et cette belle couronne de parents et d'amis peut, sans crainte, assister de ses vœux le mutuel serment que vous déposez au pied de cet autel ; car elle sait bien qu'elle cimente de son témoignage l'une de ces alliances sincères, où le cœur chrétien ne cède point son droit de primauté, ennobli par Dieu et par Lui béni.

Votre union se perpétuera fidèle, et le bonheur du foyer vous attend !

Nous en avons pour garant, Mademoiselle, le lien qui déjà unissait votre nom au nom que vous allez prendre. Et nous savons assez comment les dons de Dieu s'épanouissent dans votre âme, pour bien augurer des qualités solides qui feront de vous une véritable épouse chrétienne.

Quant à celui qui devient votre époux, mieux que d'autres je puis affirmer qu'il vous offre tous les gages d'un heureux avenir, car il vous donne un cœur bon et généreux, tel que l'éclosion s'en perpétue sur nos plages lointaines, au pays aimé qui berça notre enfance. Il ne me sied peut-être pas de vanter cette race créole à laquelle je me fais gloire d'appartenir. Mais, — je ne le puis déguiser, — l'égoïsme, qui s'enracine de plus en plus sur la vieille terre d'Europe, n'est point une plante tropicale. Là bas, bien loin hélas de nous, l'exubérante nature, qui couvre notre sol de sa luxuriante végétation, laisse aussi sur nos âmes l'empreinte de sa générosité. Et quand l'histoire impartiale examinera les causes de cette décadence qui depuis un demi-siècle a ruiné ou amoindri tant de fortunes coloniales, elle dira que la faute de nos pères, — si ce pouvait en être une, — c'est de n'avoir jamais su compter avec le cœur.

Un esprit, dont la maturité a devancé l'âge, réglera en vous ces nobles élans, mon cher Emmanuel. Et votre nom lui-même sera la devise de la famille dont je bénis à cette heure la nouvelle formation.

Emmanuel était le nom prédestiné par lequel le prophète désignait le Sauveur. Et l'Esprit-Saint déclare qu'il signifie *Dieu avec nous*, « quod est interpretatum Nobiscum Deus (¹). »

Eh bien, oui, dites tous les deux : que Dieu soit avec nous! Répétez-le toujours : Emmanuel, Nobiscum Deus !

Que les bras ouverts du Christ Jésus s'étendent sur votre vie et qu'ils protègent tout ce qui sera vôtre. Nobiscum Deus!

Ah! élevez-le bien haut dans votre amour ; et sous votre toit donnez sa légitime place à ce Christ tutélaire du foyer, à l'heure où tant d'autres en décrochent de leurs murs l'image vénérée et Le chassent de leur cœur.

Qu'il soit le confident de vos pensées, l'inspirateur de vos

---

(1) Matt. I, 23.

résolutions, le modèle de vos actes, le gardien de vos affections ! Qu'aucune de vos joies ne s'épanouisse, que nul de vos soucis et de vos peines n'obscurcisse vos fronts, sans que vos regards ne se tournent vers Lui pour l'invoquer et l'aimer. Nobiscum Deus !

Et si Dieu reste avec vous, qui donc sera contre vous ? Le sourire du ciel vous réconfortera toujours; et il vous préparera la béatitude, qui n'est autre que l'union dernière et indissoluble avec le divin *Emmanuel*. *Nobiscum Deus* !

Amen !